1. Spaziergang: Kloster

1 | Hafen Kloster

Insel Information Hafenweg 15, Tel. 038300 6 06 54,
www.seebad-hiddensee.de;
Fahrpläne der **Reederei Hiddensee** hängen an allen
Häfen aus, www.reederei-hiddensee.de

Alle Wege nach Hiddensee führen über das Wasser. Ob
mit der Fähre der Reederei Hiddensee oder mit dem
Wassertaxi – einer der drei Häfen der Insel muss ange-
laufen werden. Der älteste von ihnen ist der Hafen von
Kloster. Mit dem Bau des Leuchtturms auf dem Dornbusch wurde es 1887 notwendig, die bisherige kleine
Bootsanlegestelle zu einem Bollwerk auszubauen, um
den Materialtransport zu gewährleisten. Im Juli jenes
Jahres legte erstmals ein Dampfschiff an, die »Germa-
nia«, und seit 1892 lief der Dampfer »Caprivi« regelmäßig
in den Sommermonaten die Insel von Stralsund aus an.
1919 wurde die Hiddenseer Genossenschaftsreederei
gegründet, und bereits im gleichen Jahr kaufte man den
Dampfer »Caprivi«, um die Schiffsverbindung mit dem
Festland unabhängig von privaten Betreibern organisie-

Mit dem Flugzeug nach Kloster

Am 2. Juli 1928 wurde die neue Bäderfluglinie Stettin – Swinemünde – Sellin – Stralsund – Hiddensee eröffnet. Eine Junkers F13 flog von nun an im Juli und August werktäglich über Vitte, wo die Post abgeworfen wurde, nach Kloster. Täglich pünktlich 14.15 Uhr landete die Maschine mit vier Passagieren und zwei Mann Besatzung. 15 Minuten dauerte der Flug von Stralsund nach Kloster. Ab 1931 wurde auch sonntags geflogen, sodass die Zahl der Flüge von 52 im Jahr 1928 auf 124 im Jahr 1934 stieg. Wahrscheinlich aus militärischen Gründen wurde die Bäderfluglinie 1936 eingestellt.

ren zu können. 1925 lief der zweite Dampfer der Genossenschaftsreederei vom Stapel und erhielt den Namen »Swanti«. Da es im Zweiten Weltkrieg auf der Insel keine Zerstörungen gegeben hatte, konnte die Genossenschaftsreederei den Schiffsverkehr nach Stralsund im April 1946 wieder aufnehmen.

Im 2004 erbauten Hafencenter findet man heute die Büros der Reederei Hiddensee, der Touristinformation und des Hafenmeisters; nebenan einen Souvenirladen, in dessen Räumen sich früher eine Kneipe namens »Giftbude« befand, in der Joachim Ringelnatz regelmäßig einkehrte, sowie »Schillings Hafenamt«. Auf zwei Fischkuttern kann man frischen Fisch und Räucherfisch genießen.

2 | Hotel Hitthim

Hotel Buchung unter Tel. 038300 66 60, www.hitthim.de; **Restaurant** ab 12 Uhr

Vom Hafen aus sieht man schon die Fassade des Hotels Hitthim leuchten. Der Name geht zurück auf die Sage vom Norwegerkönig Hitthin, der der Insel ihren Namen gegeben haben soll – Insel des Hitthin. Warum aus

Hitthin dann Hitthim wurde, weiß heute niemand mehr. 1910 wurde das Hotel im Zuge des ersten Aufschwungs des Bäderwesens als Fachwerkhaus durch Clara Häckermann erbaut. 1914 gab es auf Hiddensee bereits über 150 Fremdenzimmer, obwohl auch im vornehmen Kloster die Gäste weder über Strom noch über eine zentrale Wasserversorgung verfügen konnten. Das 1997 liebevoll restaurierte Hotel mit vorgesetzter Fachwerkblende verfügt über 25 Zimmer und Ferienwohnungen. Hier kann man heute mit Blick auf den Hafen ein reichhaltiges Angebot an regionalen Speisen genießen und im Gastraum die illustre Fotogalerie prominenter Hiddensee-Besucher studieren.

3 | Inselkirche

Sommer 7–21 Uhr, Winter bei Tageslicht oder nach Anmeldung im Pfarramt Tel. 038300 328, **Gottesdienst** So 10 Uhr, **Orgelkonzerte** und weitere Veranstaltungen unter www.kirche-hiddensee.de

Vorbei am Pfarrteich (links) sieht man über den Inselfriedhof hinweg das rote Dach der schlichten kleinen Inselkirche. 1296 hatten die Mönche des Zisterzienserklos-

Entstehung des Namens Hiddensee

Als »Insula Hithini« wird Hiddensee erstmals im 12. Jahrhundert von dem dänischen Geschichtsschreiber Saxo Grammaticus erwähnt. Er erzählt in seiner »Historica Danica« die Geschichte der Feldzüge des Norwegerkönigs Hitthin, der in der altnordischen Edda auch den Namen Hedin trägt. Hitthin und sein Freund, der jütländische König Högin, gerieten in Streit, der auf der Insel, die damals wahrscheinlich anders genannt wurde, tödlich endete. Aus dem Lateinischen ins Dänische übersetzt, wurde aus der Insula Hithini »Hinthinsoe« oder auch »Hedins-Oe«. Die Tatsache, dass das Wort Oe im Dänischen Insel bedeutet, erklärt natürlich auch die scheinbare Unlogik des Namens Hidden-see für ein Stück Land. Korrekt ausgesprochen müsste es also Hiddens-ee lauten ...

ters Neuenkamp (heute Franzburg, zwischen Greifswald und Stralsund) von Fürst Wizlaw II. von Rügen Land zur Errichtung eines Tochterklosters geschenkt bekommen. Unverzüglich wurde mit dem Bau begonnen, und schon ein Jahr später konnte das Kloster bezogen werden. Seine Ausmaße müssen denen des Klosters in Bad Doberan ähnlich gewesen sein, aber heute ist davon nichts mehr zu sehen. In den ersten Jahren unterhielten die Mönche eine Kirche im Süden der Insel, auf dem Gellen, die sogenannte Gellenkirche, die über eine Luchte, eine Leuchte für Seefahrer, verfügte. Bald aber wurde diese Kirche zu klein, und für die Bauern der Insel wurde außerhalb der Klostermauern die Kirche vor dem Klostertor, die Bauernkirche, errichtet. 1332 wurde sie geweiht und der Taufstein der Gellenkirche hierher gebracht. Sein Sockel hat heute einen Platz vor den Stufen des Altars gefunden.

Das älteste Zeugnis der Insel ist links vom Altar zu finden. Es ist eine Grabplatte aus dem Jahre 1475. Johannes Runenberg, der 14. Abt des Klosters, war unter der Bevölkerung offenbar so beliebt, dass er ausnahmsweise in der Inselkirche bestattet wurde.

Rechts daneben findet man ein Votivbild mit einem höchst anrührenden Gedenktext: »Ich bin gewesen ein seevaren Heldt / Hette wohl gerne lenger beschawet die Welt.« Des jungen Seemannes Samuel Vöhsan, der am 25. Juli 1611 ums Leben kam, wird hier von seinem Onkel, dem Inselpastor Henricus Vöhsan, gedacht.

Was wirklich noch von der alten Inselkirche vorhanden ist, kann man schwer sagen. Noch im 14. Jahrhundert scheint es nach zwei Feuersbrünsten einen Neubau gegeben zu haben. Die Reformation machte auch vor Hiddensee nicht halt. 1536 wurde das Kloster aufgelöst, seine Besitztümer gingen an die Rügener Herzöge Philipp und Barnim XI. über, die dafür Gutsverwalter einsetzten. Die Mönche verließen die Insel, teils um als Theologen an die Universitäten von Rostock und Greifswald zu gehen, teils um selbst evangelische Pastoren zu werden. Einige aber blieben, weil sie »dieses liebe Eiland« nicht verlassen wollten.

Bis zum Ende des 18. Jahrhunderts wurden die Glocken der Kirche von einem Turm aus geläutet, der am Westgiebel gestanden haben muss, wie Fundamentreste

belegen. Aus welchen Gründen die Kirche heute keinen Turm mehr besitzt, bleibt der Spekulation überlassen. Möglich ist, dass man zur Bauweise der Zisterzienser zurückkehren wollte, die den Bau von Türmen als Erhebung über Gott ablehnten. Aber vielleicht hat auch ein Sturm den Turm einfach abgeknickt, und die Mittel für einen Neubau fehlten.

1781 wurde die Kirche grundlegend umgebaut. Nach barockem Geschmack wurden die Fenster erweitert, die ursprüngliche flache Holzbalkendecke ersetzte man durch ein Tonnengewölbe. Etwa in dieser Zeit erhielt die Kirche auch im Innenraum ihr heutiges Aussehen. Ursprünglich für andere Orte gebaut, errichtete man den Kanzelaltar mit seinen Säulen und der Schalldecke, der Sakristei mit ihrer barocken Bekrönung und den Gestühlen links und rechts vom Altar. Das Gestühl vor der Sakristei war übrigens die sogenannte »Pasterbänk«, auf der, wie der Name schon sagt, die meist große Familie des Inselpfarrers saß; gegenüber fand sich die Familie des Gutsverwalters zum Gottesdienst ein.

Vor den Stufen zum Altar steht das hölzerne Taufbecken, eine Rügener Handwerksarbeit von 1750. Bei einer Taufe wird der Aufsatz mit der stilisierten Flamme des Pfingstfeuers abgehoben und eine Messingschale aus dem Jahre 1634 eingesetzt. Nach alter Tradition werden die Täuflinge auch heute noch mit frischem Ostseewasser getauft – das in den kalten Monaten jedoch vorher ein wenig angewärmt wird.

Blickt man nach oben, sieht man einen etwas sphinxhaft dreinblickenden, pausbäckigen Engel, den Taufengel, der früher, so erzählt man, zu den Taufen herabgelassen wurde. In seiner linken Hand hält er den Palmzweig, in seiner rechten die Taufschale in Form einer Jakobsmuschel. Seine Herkunft ist unbekannt. Man vermutet, dass er etwa 1750 gebaut wurde, und es ist nicht auszuschließen, dass die Werkstatt, die ihn gefertigt hat, sich sonst mit der Herstellung von Galionsfiguren beschäftigte. Heute ist der Taufengel fest in der Decke verankert und kann nicht mehr herabgelassen werden – dafür aber lieben ihn Besucher wie Hiddenseer als begehrtes Fotoobjekt.

Wendet man nun seine Aufmerksamkeit nach Westen, erblickt man über der Empore die Orgel, die

Arnold Gustavs
1875–1956, Pfarrer. Nach einem Theologiestudium in Greifswald wurde er 1903 Pfarrer auf Hiddensee. Neben seinem Amt befasste er sich mit der Erforschung der Keilschrift und gründete 1923 die Altorientalische Gesellschaft mit. Dank seines Einflusses auf der Insel verschaffte er Gerhart Hauptmann die Möglichkeit, die Villa »Seedorn« zu kaufen. Neben wichtigen ethnographischen Studien verfasste Gustavs um 1950 sein Erinnerungsbuch »Hiddensee. Aufzeichnungen eines Inselpastors«. Sein Grab findet man auf dem Inselfriedhof.

Hausmarken sind reine Besitzzeichen, mit denen Eigentum an Immobilien und beweglichem Gut gekennzeichnet wurde, so an den Flotten der Netze, Riemen und Bootshaken. In der Inselkirche fanden sich Hausmarken an den Kirchenbänken bis ins 19. Jahrhundert. Meist stellt ein senkrechter Strich die Hauptlinie dar, an die kleine schräge oder waagerechte Striche angebracht wurden. Da die Hausmarke zu einem Haus gehörte, ging sie bei Verkauf oder Vererbung auf den neuen Besitzer über. Gelegentlich hatte sie auch die Funktion eines Namenszeichens, so auf den »Kaveln«, den Loshölzern, mit denen die Arbeiten in der Fischereikommüne ausgelost wurden.

1942 von der Potsdamer Orgelbaufirma Schuke gebaut wurde. Weil es wegen des Krieges zunächst keine Transportmöglichkeiten zur Insel gab, konnte sie erst im September des darauffolgenden Jahres geweiht werden. Prominenter Gast beim Weihegottesdienst war Gerhart Hauptmann. Die Orgel umfasst zwei Manuale und ein Pedal. Sie erklingt heute nicht nur zu Gottesdiensten, sondern wird den ganzen Sommer über zu den regelmäßig stattfindenden Konzerten gespielt. Im Frühjahr 2012 wurde sie umfangreich saniert. Unter der Orgelempore, an deren Stirnwand ein wunderschönes Seestück von Christoph Rosenow prangt, ist der viele Jahre verschlossene Westeingang wieder geöffnet worden.

Ein Blick zur Decke der Kirche – und der weite Himmel Hiddensees breitet sich über dem Besucher aus, Röschen auf blauem Grund. Im Winter 1921/22, anlässlich einer umfassenden Renovierung der Kirche, bemalte der Berliner Maler und plattdeutsche Mundartdichter Max Nikolaus Niemeier (1867–1934) das Tonnengewölbe. Niemeier, der selbst am Vitter Norderende ein Sommerhaus besaß, bot der Gemeinde an, diese Ausmalung unentgeltlich durchzuführen. Von Gutsverwaltung und Fischern unterstützt, die ihm aus Reusengestängen ein Gerüst bauten, konnte in den Wintermonaten die Arbeit vollendet werden. Die Überraschung der Hiddenseer war groß, als sie statt der erwarteten Sterne an der Decke Rosen erblickten: »Dad süüht us wie en Danzhuus!« Umfangreich saniert wurde der »Hiddenseer Rosenhimmel« im Jahr 2008. Die blau-weiße Farbgebung des Kircheninneren wurde 1965 durch ansässige Maler nach Entwürfen der TU Dresden ausgeführt.

Auf dem Weg zum Ausgang sollte man die stets geöffnete Tür ein wenig heranziehen, um das feingearbeitete Kastenschloss, die Arbeit eines Stralsunder Schlossermeisters aus dem 15. Jahrhundert, zu bewundern. Im Vorbau der Kirche kann man drei Glocken aus nächster Nähe betrachten. Eine kleine Glocke aus dem Jahr 1702 und zwei größere Bronzeglocken von 2014 bilden das Geläut, das im Gebälk hängt. Ein Spruch an einem der alten Balken, dem Besucher vielleicht schon beim Eintritt aufgefallen, grüßt und verabschiedet gleichermaßen: »De here, do Ick en ersochte erhorde he me.«

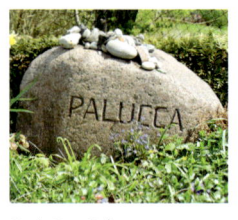

Grab Gret Paluccas

4 | Inselfriedhof

Auf einem kleinen Hügel gelegen, erstreckt sich rund um die Kirche der Inselfriedhof. Er war von Beginn an die Begräbnisstätte aller Hiddenseer. Manche Namen begegnen dem Besucher immer wieder – Gau, Gottschalk, Ewert, Schluck oder Thürke. Aber auch Berühmtheiten sind zu finden. Hier ruht unter einem großen Findling Gerhart Hauptmann mit seiner Frau Margarete, sind Gret Palucca, Walter Felsenstein und die Familie Kruse begraben.

Es gibt aber auch die Namenlosen, die der See zum Opfer fielen und an die der Grabstein des unbekannten Seemanns erinnert. Rechts neben dem Eingang findet man ein besonders berührendes Kreuz. Es erinnert an die vier Kinder der Familie Wolter, die nacheinander an Diphtherie starben. Links vom Eingang ruhen die Gebeine von zehn Personen, die zur Zeit des Zisterzienserklosters lebten, bei Ausgrabungsarbeiten auf dem ehemaligen Klostergelände gefunden und am Ostermontag 2011 hier bestattet wurden.

Auf dem Weg zur Straße kann man die ältesten Grabsteine betrachten – schlicht und karg, nur mit Jahreszahlen oder Hausmarken zur Erkennung versehen.

Grab Gerhart Hauptmanns

5 | Eggert Gustavs Museum

Öffnungszeiten unter www.eggert-gustavs.de

Dem bedeutendsten Hiddenseer Maler und Grafiker Eggert Gustavs (1909–1996), dem Sohn des Inselpastors Arnold Gustavs, widmet sich das 2019 eröffnete Eggert Gustavs Museum in der Alten Klosterschmiede der 2009 in Neuruppin gegründeten Eggert-Gustavs-Gesellschaft e.V. Nach einer kurzen Zeit an der Landeskunstschule in Hamburg bildete sich Gustavs autodidaktisch weiter. Während er die Hälfte des Jahres zum Malen auf Hiddensee verbrachte, fing er in den Wintermonaten den Zauber der märkischen Landschaft um Neuruppin ein. Eggert Gustavs Grab befindet sich auf dem Inselfriedhof. Im Museum werden seine Werke, Gemälde, Zeichnungen und Holzschnitte in wechselnden Ausstellungen gezeigt.

6 | Lietzenburg

»Trotzig, klotzig, märchenschön – Lietzenburg auf Dornbuschs Höhn« – dies schrieb in den frühen Jahren des Hauses ein Gast ins Stammbuch des Hausherrn, des

Jenseits der »Lietzenburg« liegt an einem Waldgrundstück das **»Haus am Meer«**, seit 1913 als Pensionsvilla von Henning von Sydow betrieben. Literaturfreunden sind die beiden berühmtesten Gäste wohlbekannt: Thomas Mann und Gerhart Hauptmann. Aber während letzterer sich auf ewig in die Insel verliebte, missfiel Thomas Mann der Aufenthalt auf Hiddensee – nicht zuletzt, weil Hauptmann, der »König von Hiddensee«, seine Speisen auf das Zimmer serviert bekam, die Familie Mann hingegen mit dem Fußvolk im Speisesaal dinieren musste. Lange Jahre beherbergte das »Haus am Meer« die Vogelwarte der Universität Greifswald.

Malers Oskar Kruse. Kruse hatte das Haus 1904/05 von dem Berliner Architekten Otto Wilhelm Spalding und dem Schweden Alfred Grenander (für den Innenausbau) errichten lassen.

Malerisch und einsam liegt die »Lietzenburg« ca. 50 Meter über dem Meeresspiegel. 1904, als noch keine Bäume standen, hatte man einen wunderbaren Blick auf die See und den Bodden. Mit 15 Wohn- und Arbeitszimmern, zahlreichen windgeschützten Sitz- und Ruheplätzen sowie einem eigenen Aussichtsturm bot die »Lietzenburg« die besten Voraussetzungen für die regelmäßig stattfindenden Künstlersalons, die auch nach dem Tod Oskar Kruses von seinem Bruder Max und dessen Ehefrau Käthe Kruse veranstaltet wurden und viele prominente Gäste wie Gerhart Hauptmann, Max Reinhardt, Thomas Mann oder Albert Einstein anzogen. Ein großer Teil des Jugendstilmobiliars ist fest eingebaut und überlebte somit die Zeitläufte.

Nach 1949 diente die »Lietzenburg« der Universität Greifswald als Ferienheim. 1991 wurde das Haus dem als Kinderbuchautor bekannten Max Kruse, dem Sohn von Käthe Kruse, rückübertragen, der es wiederum verkaufte. Heute werden in dem liebevoll sanierten Baudenkmal sechs Ferienwohnungen vermietet.

Familie Kruse

Oskar Kruse (1847–1919) war Maler. 1899 wurde er Mitglied der Berliner Secession. Beim Bau der »Lietzenburg« in Kloster wurde er von seinem Bruder Max (1854–1942), einem Bildhauer und Erfinder, unterstützt. Dieser war vor allem durch seine Bühnenbilder für Max Reinhardt in Berlin bekannt. Gemeinsam mit seiner Frau, der weltweit bekannten Puppenmacherin Käthe Kruse (1883–1968), versammelte Max Kruse weiterhin nach dem Vorbild seines Bruders regelmäßig Künstler in der »Lietzenburg«. Ihr Sohn Max Kruse (1921–2015) wurde berühmt durch sein Kinderbuch »Urmel aus dem Eis«.

7 | Heimatmuseum

Apr.–Okt. 10–16 Uhr; Nov.–März: Do–Sa 11–15 Uhr,
Tel. 038300 363, www.heimatmuseum-hiddensee.de

Der Plan, ein Heimatmuseum auf Hiddensee einzurichten, bestand schon Jahrzehnte. Der ehemalige Inselpastor Arnold Gustavs trug in seiner 45-jährigen Amtszeit zahlreiche Exponate zusammen. In einer großen Spendenaktion, bei der viele Hiddenseer Mitglieder einer neugegründeten »Interessengemeinschaft Heimatmuseum« wurden, kam im Februar 1953 die stolze Summe von 1135 Mark zusammen, und 1954 öffnete das Heimatmuseum Hiddensee seine Pforten für die Besucher. Karl Ebbinghaus, der erste Museumsleiter, konnte viele Hiddenseer Familien dazu bewegen, mit gespendetem alten Arbeits- und Hausgerät den Aufbau einer Ausstellung zur Geschichte der Insel zu ermöglichen.

In der 1888 erbauten ehemaligen Seenotrettungsstation beherbergt das Museum heute neben Exponaten zur Fischerei, Seefahrt, Klostergeschichte, Tourismus und Künstlerleben auf Hiddensee eine Replik des berühmten Hiddenseer Goldschmucks (siehe S. 58), dessen Original sich im Stralsund Museum (Katharinenkloster) befindet. Aber auch das »Gold der Ostsee«, der Bernstein, wird hier ausführlich behandelt. Im Erdgeschoss befindet sich das Bernsteinzimmer, das beeindruckende Stücke aus der Sammlung des Bernsteinfischers Ingolf Engels zeigt. Sehenswert ist zudem der Pflanzentisch, der einen Überblick über die aktuell blühenden Pflanzen auf der Insel gibt.

Jährlich wechselnde Ausstellungen würdigen Leben und Werk von Künstlern, die der Insel besonders verbunden sind. Das Archiv des Museums steht allen Historikern und Heimatforschern mit seinem Bestand an Akten, Fotografien und Postkarten zur Verfügung.

8 | Gerhart-Hauptmann-Haus

www.hauptmannhaus.de

Den Kirchweg, sozusagen Klosters Hauptstraße entlang, kommt man nun zum Haus des Dichters, Dramatikers und Nobelpreisträgers Gerhart Hauptmann.

Unter Touristen und Inselfreunden nicht unumstritten ist der neue Ausstellungspavillon des Architekten-

Gerhart Hauptmann

1862–1946, Dramatiker, Schriftsteller. Geboren im schlesischen Ober Salzbrunn, studierte Hauptmann zunächst an der Königlichen Kunst- und Gewerbeschule in Breslau, dann für wenige Semester in Jena Philosophie und Literaturgeschichte. Mit Dramen wie »Vor Sonnenaufgang«, »Der Biberpelz« und »Die Weber« wurde er zum Hauptvertreter des Naturalismus. 1912 wurde er mit dem Literaturnobelpreis geehrt. Hiddensee besuchte er 1943 zum letzten Mal. Seine letzten Lebensjahre verbrachte er im schlesischen Agnetendorf. Am 28. Juli 1946, 52 Tage nach seinem Tod, wurde er auf dem Hiddenseer Inselfriedhof beigesetzt.

büros rutsch & rutsch, der im April 2012 eingeweiht wurde – durch ihn erfolgt heute der Eingang zum Dichtermuseum. Ein großzügig angelegter Museumsshop lädt zum Stöbern, Lesen und Kaufen ein. Durch den vorderen Teil des Parks gelangt man zum Wohnhaus Gerhart Hauptmanns.

Die Liebe des Dichters zu Hiddensee ist vielfach belegt. 1885 kam Hauptmann auf seiner Hochzeitsreise zum ersten Mal auf die Insel, übernachtete im Gasthof Schlieker (kein Museum!) und war von der Natur tief beeindruckt. Kein anderes Hauptmann-Gedicht macht seine Liebe zu Hiddensee so deutlich wie das 1885 entstandene »Mondscheinlerche« – mit Sorge beobachtete er aber auch die zunehmende Beliebtheit der Insel und warnte: »Nur stille, stille, dass es nicht etwa zum Weltbad werde.« Aber erst elf Jahre später kehrte er wieder zurück. Inzwischen lebte er mit seiner Geliebten und späteren zweiten Ehefrau Margarete Marschalk zusammen, litt aber schwer am Zerbrechen seiner ersten Ehe und dem Konflikt zwischen beiden Frauen. Die Ruhe und Unberührtheit der Natur Hiddensees ließen ihn seinen Kummer und seine Sorgen beinahe vergessen.

Es folgten zahlreiche Aufenthalte auf der Insel, oft als Gast im »Haus am Meer« von Irene von Sydow, oft in der »Lietzenburg« der Familie Kruse, die Hauptmann eigentlich kaufen wollte. Seit 1926 wohnte er in der Villa Seedorn, die er 1929 von der Gemeinde erwerben konnte. Bereits im Winter begann der Dresdner Architekt Arnulf Schelcher mit dem Umbau des Hauses nach Hauptmanns Plänen. So wurde dem »alten« Haus ein Neubau angefügt, beide verbunden durch einen Kreuzgang und erweitert um eine große Terrasse zum Meer hin. Hier verbrachte Hauptmann bis 1943 (mit Ausnahme des Jahres 1939) regelmäßig seine Sommer, meist von Juli bis September.

Heute kann der Besucher das Haus besichtigen, wie es Gerhart und Margarete Hauptmann im Jahr 1943 verlassen haben. In den Kriegsjahren kam es glücklicherweise zu keinen Plünderungen, da der damalige Inselpastor Arnold Gustavs sich um die Sicherheit des Hauses kümmerte.

Im alten Haus befinden sich die Schlafräume des Ehepaars im Obergeschoss. Höchst anrührend sind die

Notizen an der Wand neben dem Bett, die Hauptmann nachts, wenn ihm etwas Merkenswertes einfiel, mit Bleistift schrieb. Von der Wohndiele im Erdgeschoss gelangt man durch den Kreuzgang, unter dem sich der damals stets wohlgefüllte Weinkeller befindet, zum Abendzimmer und anschließend ins Arbeitszimmer, in dem heute das ganze Jahr über Lesungen, Konzerte und Vorträge stattfinden, die nicht nur Hauptmann zum Gegenstand haben.

Seit Frühjahr 2014 präsentiert sich das bereits 1956 eröffnete Museum den Besuchern neu. Die bisherige biographische Ausstellung wurde komplett überarbeitet und um die neue Dauerausstellung »Die literarische Moderne auf Hiddensee« ergänzt. Hauptmanns Beziehungen zur Bildenden Kunst spielen dabei eine ebenso große Rolle wie die zu berühmten Schriftsteller- und Theaterkollegen, die auf Hiddensee zu Gast waren. Dem im Originalzustand erhaltenen Sommerhaus wird damit eine umfassende moderne Erklärungsebene hinzugefügt.

Nach einem kurzen Weg durch das Zentrum Klosters, zum Teil auf unbefestigter sandiger Straße, vorbei an der Inselbuchhandlung von Andreas Arendt mit ausgesuchtem Sortiment an neuer und antiquarischer Hiddensee-Literatur, gelangt man zum Hotel Dornbusch.

9 | Hotel Dornbusch

Hotel Dornbusch Buchung unter Tel. 038300 6 04 00,
www.hiddensee-dornbusch.de,
Pension und Restaurant Wieseneck Kirchweg 18,
Tel. 038300 316, www.wieseneck-hiddensee.de

Der Weg führt vom Heimatmuseum zurück in das Zentrum Klosters, nun aber ca. 100 Meter parallel zur Ostseeküste, um dann nach links in den Weißen Weg einzubiegen. Er bietet je nach Jahreszeit rechts einen weiten Blick über die Wiesen und Salzwiesen in Richtung Süden, nach links auf die Hinterfronten der Häuser am Kirchweg. Etwa auf der Hälfte des Weges gibt es einen Abzweig zum Restaurant »Wieseneck«, auf dessen Terrasse mit Blick zum Bodden hin Ostseefisch fangfrisch und nach Art des Hauses zubereitet genossen werden kann.

Nur wenige Meter weiter taucht die Fassade des Appartement-Hauses Dornbusch auf. Die jüngere Geschichte der Insel ist eng mit der Entwicklung des Tourismus verbunden, deshalb sollte man wenigstens einen Blick ins Innere des Hauses werfen. 1913 von Paul Gau erbaut, beherbergte das Hotel in den letzten 100 Jahren neben prominenten Künstlern wie Billy Wilder, Leni Riefenstahl oder Gustaf Gründgens auch eine Anzahl illustrer Persönlichkeiten aus Wirtschaft und Politik. Reproduktionen der Gästebücher des Hauses, die im Eingangsbereich ausgestellt sind, werden so zu einer spannenden Lektüre.

10 | Küsterhaus

Galerie am Torbogen Informationen über Pfarramt, Tel. 038300 328

Auf dem Weg zurück zum Hafen passiert man einen kleinen Torbogen, der gemeinhin dem alten Kloster zugerechnet wird, in Wirklichkeit aber erst viel später, zu Zeiten des herzoglichen Gutes, errichtet wurde. Daneben steht klein und schlicht das Küsterhaus, um 1840 als Schulgebäude erbaut, 1995 umfassend rekonstruiert. Heute dient es der Evangelischen Kirchgemeinde Hiddensee als Gemeindezentrum und als »Galerie am Torbogen«, in der von Mai bis Oktober verschiedene Künstler ihre Werke zeigen.

2. Spaziergang:
Grieben und das Hochland

11 | Grieben

Vom Hafen Kloster kommend, erreicht man nach wenigen Gehminuten – zahlreiche Souvenirläden, einen Fahr-
radverleih sowie Markt und Gärtnerei Sturm hinter sich
lassend – eine Kreuzung. Die Straße rechter Hand führt
nach Nordosten in die kleinste und älteste Ortschaft Hiddensees: Grieben. Der Name ist slawischen Ursprungs
und wird auf das Wort »grib« – Pilz zurückgeführt. Auf
sehr alten Landkarten kann man erkennen, dass der Bodden damals noch bis an die Ortschaft reichte, der Bessin
existierte noch nicht. Die Fischer hatten also direkten Zu-
gang zum Wasser. Zudem gab es rings um Grieben das
fruchtbarste Ackerland auf der Insel.

Bereits ein Jahr nach der Klostergründung erscheint
Grieben 1297 in den Urkunden. Der Inselvogt Detlev er-
hob Einspruch gegen die Schenkung der Ländereien an
die Zisterzienser und machte ältere Rechte auf Wiesen
und Äcker in Grieben geltend. Dem wurde entsprochen,

indem er »40 Mark slawischer Pfennige« als Ablöse erhielt.

Heute besticht das kleine Fischerdorf mit seinen wenigen Häusern, grünen Gärten und den beiden Gasthäusern vor allem Urlauber, die weitab vom Bädertrubel ihre Ruhe genießen wollen. Der Blick auf das Hochland und den Leuchtturm zur einen Seite und eine weite Sicht auf den Bodden mit seinem stets wechselnden Licht zur anderen Seite sind nicht nur für Maler und Fotografen immer wieder lohnende Motive.

12 | Hotel Enddorn

Hotel Buchung unter Tel. 038300 460, www.enddorn.de;
Restaurant ab 12 Uhr

Am Ortseingang von Grieben, direkt am Bodden der Griebener Bucht, befindet sich das Hotel Enddorn. Es ist der ideale Ausgangspunkt für Wanderungen über die Insel. Holzskulpturen von Jo Harbort laden Kinder zum Klettern und Staunen ein, und in der gemütlichen Bilderkneipe hilft die Sammlung Hiddenseer Inselbilder, die Wartezeit auf das Essen zu verkürzen.

Jo Harbort
Geb. 1951, Holzbildhauer. Harbort absolvierte zunächst eine Holzbildhauerlehre, bevor er bis 1975 an der Hochschule der Bildenden Künste in Dresden studierte. Seit 1976 arbeitet er freischaffend in Zwickau und auf Hiddensee. Hier sind seine großen Spielplätze in Kloster, Vitte und Neuendorf berühmt, aber auch verschiedene kleinere Holzskulpturen im Kindergarten in Vitte, verschiedene Bänke und einen auf sein Schiff wartenden Mönch im Hafen von Kloster kann man bewundern.

13 | Gasthaus zum Enddorn

Alexander Ettenburg

1858–1919, Theaterkünstler und »Einsiedler von Hiddensee«. Als Sohn eines Gutspächters im schlesischen Dieban geboren, schlug er zunächst die Schauspielerlaufbahn ein, musste jedoch aus gesundheitlichen Gründen aufgeben. Seit 1888 war er von Hiddensee begeistert und pachtete Land von der Klosterverwaltung. »Swantewits Fall« oder »Hidde, die Fee des söten Lännekens« waren eigene Stücke, die er in seinem Naturtheater aufführte. Trotz großangelegter Werbung für sich und das »Ostseebad der Zukunft« scheiterte auch diese Unternehmung. Einsam und verarmt starb er in einem Stralsunder Krankenhaus.

Nicht zu verwechseln mit dem Hotel Enddorn ist das Gasthaus zum Enddorn, die ehemalige »Schwedische Bauernschenke«. Der Rezitator Alexander Ettenburg kaufte im Jahre 1888 die an dieser Stelle stehende 150 Jahre alte Fischerkate und eröffnete eine einfache Gaststätte. Ettenburg war von der Idee beseelt, Hiddensee weithin bekannt zu machen, und er rührte kräftig die Werbetrommel. Sein erster Hiddensee-Reiseführer »Dat söte Länneken. Das Ostseebad der Zukunft« erschien 1905 in einer Auflage von 1000 Exemplaren.

Um 1920 wurde auf dem Grundstück das »Restaurant und Logier-Haus Hiddensee« errichtet, das in den 1970er Jahren in den Besitz der Konsumgenossenschaft des Kreises Osterburg überging, später in den der Handwerkskammer Potsdam. Dennoch galt es in der DDR als Geheimtipp für Abenteuerlustige, die auf regulärem Weg keines der begehrten Urlaubsquartiere auf der Insel bekamen. Lange konnte man in der gemütlichen Fischerkneipe zwischen maritimem Kram und vielen Bildern oder im schattigen Biergarten unter den alten Bäumen fangfrischen Fisch oder die berühmte Rote Grütze genießen.

Verlässt man Grieben in nordöstlicher Richtung, zweigt nach wenigen Gehminuten rechts ein Pfad zum Bessin ab. Wer mit dem Fahrrad unterwegs ist, kommt hier nicht weiter. Der Bessin ist seit 1911 Vogelschutzgebiet und als solches für Fahrräder verboten.

Bereits auf alten Landkarten des 17. Jahrhunderts ist der Altbessin oder »Oldenbessin« erwähnt, eine kleine Hakeninsel östlich des Hochlandes. Dennoch darf man das Alter, in geologischen Zeiträumen betrachtet, nicht überbewerten – 400 Jahre sind keine lange Zeit. Um 1900 hatte der Bessin eine Länge von etwa 3000 Metern, seitdem ist sein Wachstum zum Erliegen gekommen. Dafür bildete sich östlich davon etwa zu Beginn des 20. Jahrhunderts eine neue Anspülung von Land, die heute als Neubessin bezeichnet wird. Sand, der von der Nord- und Westküste Hiddensees abgetragen wird, sammelt sich hier im flachen Boddenwasser. Jedes Jahr wächst der Neubessin um 30 bis 60 Meter, und auch ein dritter Bessin entsteht inzwischen. Da er zur Schutzzone I des Nationalparks Vorpommersche Boddenlandschaft gehört, ist es streng verboten, ihn zu betreten. Dafür bietet der Altbessin mit seinen Wiesen, dichten Sanddornsträuchern und Windflüchtern Abgeschiedenheit und Stille, die nur unterbrochen wird

von den Rufen zahlreicher Vogelarten. Verschiedene, auch sehr seltene Seeschwalben, Watvögel und Seeadler versammeln sich hier. Besonders an der Bessinschen Schaar, einer südlichen Ausbuchtung des Bessins, kann man sie von einem kleinen Turm aus beobachten.

15 | Enddorn

Der Weg weiter nach Norden führt zur Spitze der Insel, die von jeher Enddorn oder »Entendorn«, manchmal auch »Endur« genannt wird. Hier treffen Bodden und Ostsee zusammen. Der Strand ist steinig, aber für Sammler von Hühnergöttern, Donnerkeilen, Seeigeln oder Kugelschwämmchen ein Paradies. Natürlich geht am Ufer ein Weg um das gesamte Hochland in westlicher Richtung herum. Aber Verbotsschilder säumen die Küste, und die sollte man unbedingt ernst nehmen! Jedes Jahr brechen große Teile des Hochufers ab. Nicht nur in den kalten Monaten und nach großen Stürmen, auch in den Sommermonaten, wenn die Steilküste durchfeuchtet ist, werden tiefe Brandungshöhlen ausgeschwemmt, die die Stabilität des Ufers gefährden. Schwere Unfälle wie auf der Insel Rügen gab es noch nicht, aber mittlerweile ist es streng verboten, den Weg unterhalb des Kliffs zu begehen.

16 | Dornbusch mit Leuchtturm

Turmbesteigung Mai–Sept.: Sa–Do 10.30–16 Uhr,
Fr 19–21 Uhr; Apr./Okt.: Do–Sa 11–15 Uhr

Wandert man über das Hochland, den Dornbusch, fühlt
man sich in eine andere Welt versetzt. Sanddorn und
Ginster säumen die Wege, auf den Wiesen weidet Vieh,
und hinter jedem Hügel öffnen sich weite berückende
Ausblicke. Seltene Vögel wie die Dorngrasmücke, der
Neuntöter oder der Gelbspötter brüten in den Sträu-
chern, und der Gesang der Feldlerche erfüllt die Luft.

Entstanden ist der Dornbusch während der letzten
Eiszeit, vor etwa 12 000 Jahren. Bis ins 17. Jahrhundert
war er mit Eichen und Buchen bewaldet, die aber auf Be-
fehl des Dänenkönigs Christian im Dreißigjährigen Krieg
abgeholzt wurden. General Wallenstein, um in Zukunft
solchen Raub zu verhindern, ließ die Reste abbrennen.
Erst 1861 begann man mit einer erneuten Aufforstung. In
den späten 1960er Jahren wurden hier sogar Erdölboh-
rungen vorgenommen, die aber bereits nach kurzer Zeit
wieder eingestellt werden mussten – die Bohrtürme waren noch viele Jahre später zu sehen.

Auf dem höchsten Berg, dem 72,5 Meter hohen Schluckswiekberg, steht das Wahrzeichen der Insel Hiddensee: der Leuchtturm Dornbusch. 1888 als Klinkerbau errichtet, erhielt er 1927 eine zwölfeckige Stahlummantelung. Im selben Jahr wurde Hiddensee an das elektrische Netz angeschlossen – seitdem dreht sich ein Prismenaufsatz um eine 2000-Watt-Lampe, heute um eine 400-Watt-Halogendampflampe. Die Kennung reicht 45 Kilometer weit. Ab 1912 gehörte zur Leuchtturmstation eine Nebelsignalanlage, aber moderne Navigationsverfahren machten diese überflüssig. Im Jahr 1998 wurde der letzte Leuchtturmwärter feierlich aus dem Dienst verabschiedet, seitdem erfolgt der Betrieb vollautomatisch.

Bis in die 1990er Jahre hinein war der Leuchtturm zwar frei zugänglich, konnte aber von den Besuchern nicht bestiegen werden. Erst seit 1996 ist es möglich, den Ausblick vom 28 Meter hohen Leuchtturm zu genießen. Wer den Aufstieg über die 102 Stufen nicht scheut, hat einen einmaligen Blick über die Insel. Im Süden erkennt man die Türme der Hansestadt Stralsund, im Nordwesten bei guter Sicht die Küste der dänischen Insel Møn. Im Norden sieht man über den Swantiberg hinaus auf die See und im Osten auf die Insel Rügen.

Eine der schönsten Aussichten hat man vom Großen Inselblick aus, nicht weit von der Straße zum Klausner entfernt. Die ganze Insel liegt nach Süden hin ausgebreitet, jede Ortschaft ist zu erkennen, und man vermag dem Lauf der Ostseeküste mit den Augen zu folgen, wie man es vom Strand aus nie kann.

Unmittelbar am Großen Inselblick ragt ein kleiner Berg auf, der Aschkoben. Selbst nicht weiter spektakulär, ist er doch Schauplatz einer der vielen Sagen, die sich um die Insel Hiddensee ranken. Hier sollen die Zisterziensermönche, als sie im 16. Jahrhundert die Insel verlassen mussten, einen Schatz vergraben haben – bestehend aus den zwölf Aposteln in purem Gold und einer goldenen Wiege. Im Vatikan liegt angeblich ein genaues Verzeichnis davon, und in jedem Jahr sollen zwei verkleidete Mönche aus Rom die Insel besuchen, um an Ort und Stelle die Unversehrtheit des Schatzes zu überprüfen. Es darf sich also kein auffällig kostümierter Tourist wundern, wenn ihn prüfende Blicke eines Einheimischen treffen …

Soldaten auf Hiddensee

Im Zusammenhang mit den Kriegsvorbereitungen der Wehrmacht wurde 1938 am Enddorn eine schwere Flak-Batterie zur Sicherung des Fliegerhorsts auf dem Bug (Rügen) mit einer Kette von unterirdischen Bunkern gebaut, die jedoch nur ein Jahr lang genutzt wurden. Seit 1961 war für die Sicherung der Ostseeküste als Staatsgrenze die »6. Grenzbrigade Küste« zuständig. Auf Hiddensee wurde die »5. Technische Beobachtungskompanie« stationiert, die auf dem Dornbusch eine Stellung mit Funkmessgerät unterhielt. Sie diente der optischen Seeraumbeobachtung und gab die Bewegungen aller Seefahrzeuge an die nächste TBK weiter. In den 1990er Jahren wurden die Stellungen von einem Pionierbataillon der Bundeswehr entsorgt.

S. 26–27: Großer Inselblick

17 | Zum Klausner

Pension Buchung unter Tel. 038300 66 10,
www.klausner-hiddensee.de; **Restaurant** 11–20 Uhr

In der Nähe der heutigen Pension »Zum Klausner« errichtete Alexander Ettenburg 1888 seine Einsiedelei »Eremitage zu Tannhausen« oder »Tusculum«. Die einfachen Bretterbuden als Waldschänke und sein gleich nebenan gelegenes Naturtheater, in dem er mit Hiddenseern als Statisten eigene Dramen aufführte, die eng mit der Geschichte der Insel verbunden waren, genügten jedoch bald nicht mehr dem Standard eines Ostseebades der Zukunft, zumal sich die Insulaner mit dem etwas skurrilen Kauz in der Mönchskutte schwer taten. Das Heilig-Geist-Kloster in Stralsund verlängerte 1909 den Vertrag mit Ettenburg nicht mehr und schloss einen neuen mit dem Berliner Geschäftsmann Emil Hirsekorn, der hier das »Hotel zum Klausner« errichtete.

18 | Hochuferweg über die Hucke

Einer der schönsten Wege Hiddensees ist der vom Klausner führende schmale Steig am oberen Rand des Hochufers, der sogenannte Capriweg.

Walter Felsenstein

1901–1975, österreichischer Opernregisseur. Felsenstein wurde in Wien geboren. Früh zog es ihn zum Theater, und er begann seine Laufbahn am Burgtheater. Bis 1932 war er Schauspieler. Seiner ersten Regiearbeit in Beuthen folgten Arbeiten in Köln und Frankfurt am Main. Wegen seiner Ehe mit einer »Nicht-Arierin« wurde er aus der Reichstheaterkammer ausgeschlossen. Zwei Jahre verbrachte er in Zürich, konnte dann mit Hilfe Heinrich Georges wieder nach Berlin zurückkehren. 1947 gründete er in Berlin die Komische Oper, deren Intendant er bis zu seinem Tode war. Hier setzte er mit darstellerisch ausgefeilten Operninszenierungen Maßstäbe, die die Opernregie in der gesamten Welt beeinflussten.

Die Hucke ist die den Strand nach Norden begrenzende Steilküstenpartie. Sanddorn, Weißdorn und Schlehen wachsen hier, und immer wieder laden kleine ausgetretene Plätze mit Bänken zum Verweilen und Schauen ein.

Nach wenigen Minuten Fußweg – Fahrräder sind hier fehl am Platze – sieht man unten am Strand eine Mauer aus groben Steinen. Die Hucke war stets durch die aus Westen heranströmende See gefährdet, weshalb man 1937 begann, den Hucke-Damm zu bauen. Im unteren Bereich besteht er aus Findlingen aus Fehmarn, im oberen aus schwedischem Granit. Als die Bauarbeiten kriegsbedingt eingestellt werden mussten, waren statt der geplanten vier Kilometer erst 400 Meter fertig. Seither hat der Hucke-Damm alle Sturmfluten unbeschädigt überstanden und schützt so das Riff. Allerdings hatte man nicht eingerechnet, dass die unverändert tätigen Meeresströmungen nun den Sand weiter südlich, nämlich vor Kloster, nach und nach abtrugen und den dortigen Strand in eine große Steinwüste verwandelten. Daher begannen nach dem Zweiten Weltkrieg umfangreiche Aufschüttungsmaßnahmen. Zusätzlich verlängerte man zwischen 1950 und 1977 den Damm nach Süden – nun jedoch nicht mehr mit schwedischem, sondern mit sächsischem Granit. Aus den Erfahrungen der zwiespältigen Resultate des Küstenschutzes klug geworden, verzichtet man heute – auch gegen wohlmeinende Ratschläge der Urlauber – auf derartige Maßnahmen und überlässt die Steilküste dem natürlichen Wirken der Kräfte von Wind und Wasser, obwohl dies bedeutet, dass das Hochland jährlich um etwa einen Meter schrumpft und eines fernen Tages auch der Leuchtturm in den Meeresfluten versinken wird. Auch wenn der Steindamm zum Spaziergang einlädt, wird doch dringend empfohlen, ihn wegen der oft hohen Wellen und des Windes zu meiden und unterhalb auf dem Sand zu gehen.

19 | Durch Kloster zum Kleinen Inselblick

Für den Abschluss des Rundgangs bietet sich ein Spaziergang durch das bebaute Gebiet oberhalb des Gerhart-Hauptmann-Hauses an. Hier stößt man auf architektonisch und kulturgeschichtlich interessante Häuser. Unter der Adresse Hügelweg 19 kann man das Wohnhaus des Opernregisseurs Walter Felsenstein bewundern. Eckart Muthesius, der Sohn des berühmten Architekten und Mitbegründers des Deutschen Werkbundes, Hermann Muthesius, ließ es 1955 für Felsenstein bauen. Am Kirchweg 3, hoch oben auf dem Berg, steht das Haus Muthesius, das Eckart Muthesius für sich und seine Familie errichtete, und das an den Landbau englischen Stils erinnert. Mit seinen Entwürfen für indische Paläste und ab 1939 für Lazarette für die US-Army war Muthesius reich und berühmt geworden.

Am Biologenweg 15 wurde das Haus Gehlen von Max Taut 1924 für den Leipziger Verleger Max Gehlen errichtet. 1930 kaufte die Universität Greifswald das Haus und betrieb es eine zeitlang als Doktorandenhaus; heute dient es ihr zur Unterbringung von Kursteilnehmern. Ebenfalls am Biologenweg findet man das Haus Pingel (Nr. 20), das Max Taut 1923 für den Innenarchitekten Walter Pingel bauen ließ, das jedoch nach seinem Umbau in jüngster Zeit viel von seinem ursprünglichen Charme verloren hat. Und am Biologenweg 20 steht der Crügerhof, der 1924 von dem Architekten Otto Firle für die jüdische Diplomatenfamilie Sethe erbaut und erst im Rahmen der »Arisierung« umbenannt wurde.

Max Taut

1884−1967, Architekt. Taut wurde in Königsberg geboren und absolvierte hier zunächst eine Zimmermannslehre. Nach Abschluss der Bauwerkschule trat er 1912 in die Berliner Architektensozietät Taut & Hoffmann ein. Berühmtheit erlangte er mit sachlichen Bürobauten wie dem Verbandshaus der Deutschen Buchdrucker, dem Warenhaus der Konsumgenossenschaft und einer Schule in Berlin-Lichtenberg. Die Gründung der neuen Architektenschule an der heutigen Universität der Künste in Berlin im Jahr 1945 geht auf seine Initiative zurück. Taut wurde auf dem Friedhof des Klosters Chorin beigesetzt.

Haus von Walter Felsenstein

Rügen

Stralsund

Neubessin

Fährinsel

Gellen

Neuendorf

Dünenheide

Altbessin

Vitte

Darß

Grieben

Kloster

Enddorn

Dornbusch

Hucke

Leuchtturm

3. Spaziergang: Unterwegs in Vitte

20 | Hafen Vitte

Insel Information Achtern Diek 18a,
Tel. 038300 60 86 85, www.seebad-hiddensee.de

Der Name Vitte bezeichnete ursprünglich eine Fischer-
ansiedlung mit kleinen Häusern am Strand. Urkundliche
Belege findet man bereits im 16. Jahrhundert, als man
Vitte mit 28 Katen und einem Dorfkrug erwähnte. In den
nächsten 100 Jahren änderten sich die Verhältnisse nicht
sonderlich, nun zählte man 16 Kossaten – also Besitzer
eines kleinen Häuschens mit wenig Acker – und 16 un-
tertänige Einlieger, die in Katen wohnten. Hauptsächlich
ernährte man sich vom Fischfang.

Bis zum Beginn des 20. Jahrhunderts gab es bodden-
seitig nur Stege für die Fischerboote. 1905 wurde der Vitter Hafen von dem Berliner Unternehmer Büsson zuerst
in Form einer Anlegebrücke errichtet. Der Betreiber der
ersten Dampfschiffverbindung mit Kloster, Bentzien,
verfolgte diesen Bau argwöhnisch. Geschäftsmann, der
er war, eröffnete er 1906 eine zweite konkurrierende Anlegestelle in Vitte und erwarb neben dem Dampfer »Ca-

privi« ein zweites Boot. In der Folgezeit entspann sich ein verbissener Kampf um Passagiere, bei dem Büsson 1911 unterlag und aufgab. Beide Reedereien schlossen sich nun dem Ostseebädertarifverband an. Acht Jahre später ging alles an die Hiddenseer Genossenschaftsreederei über. Erst 1927 konnten die zum Bau eines Bollwerks erforderlichen Gelder aufgebracht werden.

Nachdem der Hafen bereits 1993 umfassend durch die Gemeinde rekonstruiert wurde, erhielt er 2004 mit der neugebauten Seetankstelle sein modernes Gesicht. Heute findet man hier die meisten Fischereifahrzeuge der Insel, und das Seenotrettungsboot »Nausikaa« ankert in Vitte.

Nördlich vom Hafen und dem Gewerbezentrum der Insel befindet sich der privat bewirtschaftete Yachthafen, der mit 180 Liegeplätzen den Seglern alle Annehmlichkeiten bietet.

21 | Haus Weidermann

Vom Yachthafen führt der Weg weiter auf dem Boddendeich nach Norden, bis links die unbefestigte Straße Zum Seglerhafen abzweigt. Das Haus Weidermann ent-

stand nach Plänen von Max Taut und wurde 1923 errichtet. Stellte schon das »Karusel« (siehe Nr. 22) eine Provo-
kation dar, übertraf dieses nun alles bisher Gesehene auf
der Insel. Während die Rundung noch brav an der Veranda entlang verläuft, öffnet sich die Westseite des Hauses
breit und empordrängend. Immer wiederkehrend die
Dreiecksform, die sich in Gauben, Dachabschlüssen und
den Grundrissen spiegelt. Das Haus Weidermann ist das
kühnste Bauwerk Tauts auf Hiddensee. Das Innere kann
nicht besichtigt werden, da das Haus bewohnt wird.

22 | Asta-Nielsen-Haus

www.asta-nielsen-haus.de

Wegen seiner eigenwilligen Form gilt das »Karusel« ge-
nannte Nachbarhaus als Exot unter den Hiddenseer
Ferienhäusern. Max Taut ersann dieses Kleinod ursprünglich 1922 für einen Geschäftsmann namens Müller. Berühmtheit errang es jedoch erst durch seine zweite Besit-
zerin, den dänischen Stummfilmstar Asta Nielsen. 1928
erwarb sie das Haus und nannte es wegen seiner runden
Form Karusel (dänisch). Bis 1936 verbrachte sie hier ge-

meinsam mit ihrer Schwester und Gästen wie Heinrich George, Joachim Ringelnatz oder Paul Wegener jeden Sommer. Aus Protest gegen die Nationalsozialisten verließ Asta Nielsen schweren Herzens 1936 Deutschland.

Nach einer Sanierung des »Karusels« im Sommer 2014 findet der Besucher hier eine Dauerausstellung zu Asta Nielsen und zum Leben und Werk des Architekten Max Taut. Der obere Raum kann für Eheschließungen genutzt werden.

23 | Nationalparkhaus

www.nationalpark-vorpommersche-boddenlandschaft.de

Nur wenige Meter weiter in nördlicher Richtung liegt linker Hand das Nationalparkhaus. Es wurde 1998 eröffnet. Den Besucher erwartet eine Ausstellung zum Nationalpark Vorpommersche Boddenlandschaft. Unter dem Leitmotiv »Panta Rhei« (alles fließt) gibt sie Zeugnis vom natürlichen Rhythmus des Werdens und Vergehens auf der Insel. Regelmäßig werden Führungen und Wanderungen über die Insel sowie Vorträge zu Fragen des Naturschutzes angeboten.

Joachim Ringelnatz
1883–1934, Schriftsteller, Kabarettist und Maler. In Wurzen geboren, wuchs er in Leipzig auf und verbrachte sieben Jahre auf Wanderschaft und zur See. 1909 trat er im Münchner Kabarett »Simplicissimus« auf und wurde mit einem Schlag stadtbekannt. Ab 1920 stand er auf der Bühne des Berliner Kabaretts »Schall und Rauch«. Seine beiden Gedichtsammlungen »Kuttel Daddeldu oder das schlüpfrige Leid« und »Turngedichte« sowie seine Aquarelle hatten großen Erfolg. 1933 erhielt Ringelnatz Auftrittsverbot. Schwer an Tuberkulose erkrankt und völlig verarmt, verstarb er ein Jahr später in Berlin.

24 | Windmühle

Auf dem Weg zurück ins Zentrum von Vitte kommt man an einem gepflasterten Platz vorbei. Dies ist der 2012 fertiggestellte Hubschrauberlandeplatz. Liebhaber der Insel werden vielleicht die Nase rümpfen, aber jeder ist froh darüber, im Falle eines Unfalls oder schwerer Krankheit sicher und schnell mit einem Hubschrauber der DRF Luftrettung in eines der Krankenhäuser auf Rügen oder auf dem Festland transportiert werden zu können.

Rechter Hand ist nach wenigen Metern die Mühle zu sehen. Ursprünglich verfügte Hiddensee über zwei Windmühlen. Die dem Kloster zugehörige, 1850 erbaute Holländermühle wurde zehn Jahre nach ihrer Errichtung auf Kosten des Besitzers, des Heilig-Geist-Klosters in Stralsund, ab- und im Süden von Vitte, auf dem Gelände der heutigen Ferienhäuser des Bahnsozialwerks, innerhalb eines Mühlenhofes wieder aufgebaut. Als aber in den 1860er Jahren der Bäckermeister Ewald Schwartz am nördlichen Außenstrand von Vitte eine zweite Mühle errichtete, musste die alte aus wirtschaftlichen Erwägungen abgerissen werden. Die Schwartz-Mühle brannte 1905 ab und wurde durch die heute zu sehende ersetzt. Seit 1927 konnte mit elektrischem Strom gemahlen werden. 1962 erwarb sie der Architekt Helmut Trauzettel, restaurierte sie aufwendig und baute sie zu einem Feriendomizil aus.

25 | Henni-Lehmann-Haus

Inselbibliothek Di/Do 10–16 Uhr,
Veranstaltungen unter www.seebad-hiddensee.de

Eng miteinander verbunden sind die beiden hinter der Kreuzung gelegenen Häuser. Hinter einer kleinen, mit Kiefern bestandenen Wiese liegt malerisch in einem Gärtchen die Blaue Scheune, unmittelbar dahinter das Henni-Lehmann-Haus.

1907 ließ sich die Familie Lehmann von dem Architekten Paul Ehmig eine schöne große Sommervilla bauen. Im Obergeschoss arbeitete die Malerin Henni Lehmann (1862–1937) in ihrem nach Norden hin gelegenen Atelier.

Mit der Eisenbahn auf die Insel?

Um 1900 schien es, als könnte es mit der Idylle auf Hiddensee bald vorbei sein. Die Planungen, die Insel an das Eisenbahnnetz anzuschließen, waren weit fortgeschritten. Dabei ging es einzig um den Güterverkehr, der aufwendig in Stralsund auf Fähren verladen werden musste, um den Strelasund zu überqueren und dann den Hafen in Sassnitz auf Rügen zu erreichen. Die Idee sah nun so aus: Vom nördlichen Zipfel des Festlandes sollte eine Eisenbahnbrücke zum Südende Hiddensees, dem Gellen, gebaut und an der Westküste bei Vitte ein Überseehafen errichtet werden, der die Funktion von Sassnitz übernehmen sollte. Glücklicherweise fehlte das Geld. Ende der 1930er Jahre beschloss man mit Blick auf die zunehmende Motorisierung den Bau des Rügendamms, und schon 1936 rollten die ersten Züge und Autos nach Altefähr (Rügen) und von dort weiter nach Sassnitz.

Sie war aber nicht nur künstlerisch tätig. Ihr großes Ziel war es, die Lebensbedingungen der zumeist in Armut lebenden Insulaner zu verbessern. Ein Kredit für den Bau eines Arzthauses gehörte ebenso dazu wie ihre Teilnahme an der Gründung der Genossenschaftsreederei. Ab 1933 wurde ihr als konvertierter Jüdin das Leben auf der Insel unmöglich gemacht. 1934 verkaufte sie zunächst die Blaue Scheune (siehe Nr. 26). Im Sommer 1935 waren zum letzten Mal Mitglieder der Familie Lehmann im Sommer in ihrem Haus versammelt. Henni Lehmann lebte da nur noch in Berlin und mied die Reise nach Vitte. Ihren Kindern gelang die Emigration. 1937 nahm sich Henni Lehmann nach langem Krebsleiden das Leben. Im Zuge der »Entjudung des deutschen Volksvermögens« wurde die Sommervilla durch die Gemeinde für die lächerliche Summe von 17 000 Reichsmark von den Erben gekauft und diente fortan als Rathaus. 1989 erfolgte ein erster großer Umbau des Gebäudes, eine weitere Umgestaltung zum »Haus des Gastes« währte drei Jahre, bis es die Gemeinde im Juni 2000 feierlich eröffnen konnte und ihm offiziell den Namen Henni-Lehmann-Haus gab. Heute hat hier die Inselbibliothek ihre Heimat gefunden. Das Haus wird zudem für Ausstellungen und Veranstaltungen genutzt.

Henni-Lehmann-Haus

26 | Blaue Scheune

Mai–Sept.: Mi/So 10–12 Uhr

Die Malerin und Zeichnerin Henni Lehmann gründete um 1920 den Hiddenseer Künstlerinnenbund der von Gerhart Hauptmann geschmähten »Malweiber«. Zu ihnen gehörten u. a. Clara Arnheim, Elisabeth Andrae und Elisabeth Büchsel.

Um regelmäßig Ausstellungen zeigen zu können, erwarb Lehmann 1924 das alte Hallenhaus, das als Scheune der nebenan gelegenen Bäckerei Schwartz diente. Der blaue Farbanstrich, den sie den Außenmauern geben ließ, verlieh ihm den heute weithin berühmten Namen Blaue Scheune. Hier konnten die Malerinnen in verschiedenen Ateliers arbeiten, und in den Sommermonaten wurden vielbeachtete Ausstellungen gezeigt.

1949 erwarb der Maler Günter Fink das Gebäude, bewahrte es so vor dem Verfall und machte die Blaue Scheune wieder zu einem beliebten Anziehungspunkt für kunstinteressierte Besucher. Geöffnet ist die Blaue Scheune nur zu den historischen Öffnungszeiten des Hiddenseer Künstlerinnenbundes.

Elisabeth Büchsel
1867–1957, Malerin. Als Tochter des Altermannes der Stralsunder Gewandschneider geboren, konnte sie als Mädchen kein Studium aufnehmen, schaffte es aber, durch Porträtaufträge das Geld für eine private Malausbildung zu verdienen. Studienaufenthalten in Berlin folgten Reisen nach Italien und Frankreich. Seit 1904 lebte und arbeitete sie von Frühjahr bis Herbst auf Hiddensee. Büchsel malte überwiegend Porträts und Landschaftsbilder von Rügen, Hiddensee und Stralsund, die sich heute zum größten Teil in privater Hand befinden. Sie wurde in Stralsund auf dem St.-Jürgen-Friedhof beigesetzt.

27 | Seebühne Hiddensee

Seebühne Wallweg 2, Spielplan und Tickets unter
Tel. 038300 6 05 93, www.hiddenseebuehne.de,
Figurenmuseum Homunkulus Norderende 181,
11–17 Uhr

Am Norderende entlanggehend, passiert man die
kleine Inselbuchhandlung »Koralle«, die die Hidden-
see-Autorin Renate Seydel seit 1991 betreibt. Auf der
gegenüberliegenden Straßenseite findet man das neu-
erbaute Figurenmuseum Homunkulus mit angeschlos-
senem Café, ein Bau der Architektin Johanne Nalbach.
Über 200 Figuren aus dem Repertoire der Seebühne,
dem maritimen Kammertheater am Wallweg, sind
hier zu bewundern. Die Direktorin des Figurenmuse-
ums ist Wiebke Volksdorf. Karl Huck, 1997 Begründer
der Seebühne Hiddensee, ist Künstlerischer Leiter,
Schauspieler, Puppenspieler und Schiffstaucher. Links
am EDEKA-Markt in den Wallweg biegend, erblickt
man rechter Hand die Spielstätte der Seebühne. Das
Repertoire besteht natürlich bevorzugt aus See- bzw.
Inselstücken. Klassiker wie »Die Schatzinsel« oder »Lütt
Matten« stehen seit vielen Jahren auf dem Programm.

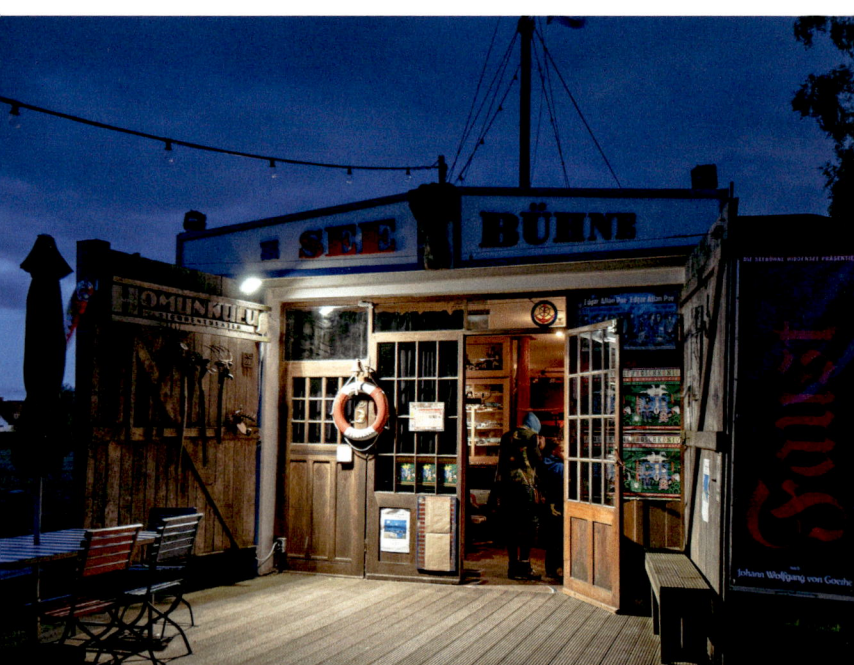

Die gemischte Besatzung – Puppenspieler und Schauspieler – bezaubert Kinder und Erwachsene.

Figurenmuseum Homunkulus

28 | Vom Strandhotel zum Hexenhaus

Pension Strandhotel An der Sprenge 22,
Tel. 038300 241, www.strandhotel-vitte.de,
Hotel Godewind Süderende 53, Tel. 038300 66 00,
www.hotelgodewind.de; **Restaurant** 15–23 Uhr

Der Spaziergang führt weiter am Hafen vorbei rechts auf den Boddendeich. Nur wenige Meter entfernt scheint die benachbarte Insel Rügen zu liegen. Zwischen Gärten und kleinen Häusern liegt still das Strandhotel, das viele als Illustration von Werner Klemke zum Kinderbuch »Lütt Matten und die weiße Muschel« von Benno Pludra kennen. 1910 wurde es als Hotel mit Boddenblick errichtet. Wenig ist von seiner alten Pracht erhalten, abgerissen wurde die in der ersten Etage umlaufende Veranda, die prächtigen Giebel wurden begradigt und ihres Schmuckes beraubt, und die ehemalige Arkadenvorhalle ist einer zugemauerten tristen Front gewichen.

Gegenüber, direkt hinter dem Boddendeich gelegen, in einem heute blau-weiß gehaltenen Ferienhaus, arbeitete in den Jahren der DDR die kleinste Molkerei des Landes. Bis etwa in die 1960er Jahre schafften es die Hiddenseer, weitgehend autonom auf ihrer Insel zu leben und nicht von Lieferungen vom Festland abhängig zu sein. Kühe waren selten, sie stellten von jeher einen Schatz dar. Aber die Molkerei hatte viel zu tun, und heute noch schwärmen Alteingesessene vom Quark, den Manfred Mehl selbst herstellte. Die ehemaligen Betriebsräume im Erdgeschoss enthalten noch die alten Wandkacheln.

Nur wenige Grundstücke in südlicher Richtung entfernt, auf einer zugewachsenen Brache, stand eines der ersten Hotels der Insel, das Logierhaus zur Post, später Hotel Boddenblick, in dem Gerhart Hauptmann und auch der Brücke-Maler Otto Mueller übernachteten. Um der akuten Wohnungsnot auf der Insel abzuhelfen, ließ die Gemeinde auf dem Gelände zwischen Wiesenweg und Sprenge zwei Häuser mit jeweils sechs Wohnungen errichten.

Dem Boddendeich folgend, der einen großen Bogen um die Südspitze des Ortes macht, gelangt man auf die westlichste Straße Vittes, das Süderende. Zahlreiche Feriensiedlungen neueren Datums säumen die Straße. In

Hexenhäuschen

Höhe der Hausnummer Süderende 105 stößt man auf einen der mittlerweile sechs Stolpersteine auf der Insel. Er erinnert an Adolf Reichwein, dem das etwas zurückgesetzte, winzige reetgedeckte Häuschen, das mittlerweile gemeinhin Hexenhaus genannt wird und das älteste noch erhaltene Fischerhaus auf Hiddensee ist, gehörte. Es ist nur an offiziellen Denkmalstagen der Öffentlichkeit zugänglich.

Wenige Meter weiter, vorbei an Sparkasse, Arztpraxis und dem »Godewind«, einem Hotel mit Appartementhäusern und Gaststätte (die Fischsuppe hier ist köstlich), gelangt man zu einem hinter Buschwerk verborgenen Haus (Süderende 73), kenntlich am Schild des Denkmalschutzes. Hier verbrachte der Zeichner Werner Klemke, bekannt durch seine Illustrationen zahlreicher Kinderbücher und der Titelbilder der DDR-Monatszeitschrift »Magazin«, seine Sommer. Erster Besitzer seit 1912 war der Architekt Hermann Muthesius.

29 | Ehemaliges Hotel zur Ostsee

An der Kreuzung zum EDEKA-Markt wieder angekommen, sollte man dem »Hotel zur Ostsee« etwas Beach-

Hotel »Godewind«

Adolf Reichwein
1898–1944, Reformpädagoge und Kulturpolitiker. In Ems geboren, studierte Reichwein in Frankfurt am Main und Marburg. Zunächst in Berlin in der Bildungspolitik und Erwachsenenbildung tätig, gründete er in den 1920er Jahren in Jena die Volkshochschule. 1933 wurde er aus politischen Gründen von der Universität Halle entlassen. Reichwein gehörte dem Kreisauer Kreis an, einer Widerstandsbewegung gegen Hitler. Er wurde 1944 im Strafgefängnis Berlin-Plötzensee hingerichtet.

tung schenken. 1886 erwarb der Rügener Gastwirt Franz Freese den bescheidenen Krug, der an dieser Stelle stand, und baute ihn 1906 zum »Hotel zur Ostsee« aus. Bei diesem Umbau erhielt das Haus auch seinen heute noch gut erhaltenen Turm, sein weithin sichtbares Erkennungszeichen. Man konnte für 4 Mark volle Pension und für nur 2 Mark »Touristenlogis mit Kaffee« erhalten. Das Haus verfügte zudem über einen großen Gesellschaftssaal mit Bühne. Um 1900 gründete die Einwohnerversammlung Vitte einen Bade-Interessenten-Verein, und die Gästezahlen stiegen in den nächsten Jahren sprunghaft an – von etwa 500 im Jahr 1902 auf 1712 im Jahr 1930.

1953 flüchteten die Besitzer des »Hotels zur Ostsee«, die Familie Freese-Kaufmann, in den Westen. Das Haus wurde in die Rechtsträgerschaft des FDGB (Freier Deutscher Gewerkschaftsbund) gegeben. Hier fand man nun die »Objektleitung« des FDGB-Feriendienstes. Nach 1989 erfolgte die Rückübertragung in privaten Besitz, und seitdem wurde es mehrmals verkauft. Im Augenblick wird das Haus denkmalgerecht saniert. Damit erhält Vitte sein Schmuckstück in frischem Glanz zurück und darüber hinaus neue Geschäfte, Ferien- und Mietwohnungen.

Schräg gegenüber, halb verborgen hinter Zaun und Gesträuch, liegt ein rotes Holzhäuschen. Es ist das 1928 gebaute »Fotohaus« des Fotografen Max Ebel und seiner Tochter Ilse Ebel, in dem sich Atelier und Dunkelkammer befanden. Ilse Ebel wurde berühmt durch ihre Porträtaufnahmen der Tänzerin Gret Palucca.

Gret Palucca
1902–1993, Tänzerin und Tanzpädagogin. In München geboren, wuchs sie in Dresden auf und bekam dort ersten Ballettunterricht. Nach einer Ausbildung bei Mary Wigman, der Wegbereiterin des Ausdruckstanzes, und einigen Jahren in Wigmans Gruppe wurde sie eine der führenden Ausdruckstänzerinnen. 1925 gründete sie in Dresden ihre eigene, die Palucca-Schule. Während der Zeit des Nationalsozialismus konnte sie als »Halbjüdin« zwar noch als Tänzerin auftreten, ihre Schule wurde aber geschlossen. 1945 wiedereröffnet, wurde die Schule 1949 verstaatlicht. Palucca wirkte bis ins hohe Alter als Tanzpädagogin, ab 1959 wieder als Leiterin der Schule. Seit 1948 verbrachte sie jede freie Minute auf Hiddensee und kaufte in den 1950er Jahren ein Haus in Vitte. Seit 1993 führt die Palucca-Schule in den Sommermonaten auf Hiddensee regelmäßig Tanzwochen durch.

Links: Ehem. »Hotel zur Ostsee« vor dem Umbau
Rechts: »Fotohaus«

4. Spaziergang: Durch die Heide nach Neuendorf und zum Gellen

30 | Strand

Vom Hafen führt die belebteste Straße Vittes gerade-
wegs zum Strand. In seinem auf Hiddensee spielenden
Drama »Gabriel Schillings Flucht« lässt Gerhart Hauptmann den Bildhauer Mäurer inbrünstig ausrufen: »Das
geradezu bis zu den Tränen erschütternde Brausen der
See …«, und nicht nur er geriet beim Anblick der See ins
Schwärmen.

Luftbilder der Insel vermitteln den Eindruck eines
Seepferdchens, das in beinahe perfekter Nord-Süd-Aus-
richtung neben der großen Schwesterinsel Rügen liegt.
Der Ostseestrand an der Westseite hat eine Länge von
knapp 17 Kilometern vom Steilufer bis zur südlichsten
Spitze. Dank der aufmerksamen Arbeit der Naturschutz-
behörde vermochte es auch das Treiben der zahlreichen Touristen im vergangenen Jahrhundert nicht, den
Eindruck der Unberührtheit der Natur verschwinden
zu lassen. Im Ortsbereich Vittes bestimmen natürlich
belebte Strandabschnitte mit Seenotrettungsstation,

Strandkörben, einer Surfschule und Volleyballfeldern das Bild. Aber schon einige Meter Richtung Süden begegnet man nur noch wenigen Menschen. Dabei gibt es allerlei zu entdecken. Allein ein paar Meter am Spülsaum lassen mit ihrer Vielfalt an Muscheln, Feuersteinen und Treibholzstückchen eine ganze Welt entstehen. Besonders aufmerksame Wanderer finden vielleicht hin und wieder einen Donnerkeil, den versteinerten Rest des Innenskeletts eines Weichtiers, das vor 67 Millionen Jahren gelebt hat. Und mit etwas Glück, vor allem nach großen Stürmen, stöbert man ein Stückchen Bernstein auf.

Beachten sollte man bei Strandspaziergängen allerdings die wichtigste Grundregel des Küstenschutzes: das Betreten der Dünen ist nur auf den angelegten Wegen gestattet, denn sie sind das erste und wichtigste Bollwerk gegen Sturmhochwasser!

31 | Dünenheide

Der Weg führt nun nicht mehr am Strand entlang, sondern biegt nach einigen hundert Metern nach links in die Dünenheide ein. Sie bildete sich aus Sandstrandwällen, die von Dünen und Flugsanddecken überlagert worden sind.

Bernstein, auch das »Gold der Ostsee« genannt, entstand aus dem gehärteten Harz von vor etwa 40 Millionen Jahren gewachsenen Nadelbäumen. Nach großen Stürmen kann man Bernsteine im Spülsaum am Weststrand oder am Bessin finden. Die Bernstein-Probe ist am einfachsten in einer starken Kochsalzlösung zu bewerkstelligen: Bernstein schwimmt oben, Steine und Glas sinken auf den Boden. Wenn man kein Glück beim Sammeln gehabt hat, gibt es genügend Möglichkeiten, in einem der Souvenirläden ein Stück Bernstein oder Bernsteinschmuck zu kaufen.

Sommerhaus in der Heide

Windausblasungen, Heidetümpel und -moore geben der Landschaft einen zusätzlichen Reiz. Im Gegensatz zu den üblichen Heidelandschaften, die im Laufe der Jahrhunderte verwaldet sind, schafft man es hier, die Fläche offen zu halten. Gerade zur Zeit der Heideblüte im Sommer begeistert die Dünenheide, die seit 1967 als Naturschutzgebiet ausgewiesen ist, mit ihrem Pflanzenreichtum. Ab und an kann man Rehen, Muffelwild, Füchsen und Kreuzottern begegnen, und am Wegesrand verweist ein Schild auf den Mittelpunkt der Insel.

32 | Fährinsel

Etwa auf der Hälfte der Strecke zwischen Vitte und Neuendorf liegt an der Boddenseite, durch einen rund 180 Meter breiten Boddenarm getrennt, die Fährinsel. Bereits in der Schwedischen Matrikel von 1695 findet sie Erwähnung; es wird berichtet, dass die Fährverbindung zwischen Hiddensee und Rügen von den auf dieser Insel lebenden Fährleuten aufrechterhalten wurde. Die Arbeit war hart. Der Fährmann hatte damals die Pflicht, alle herrschaftlichen Transporte an Personen, Vieh oder Material kostenlos durchzuführen. Seine Boote musste er auf eigene Kosten unterhalten. Einzig für den Transport von Fremden durfte er Gebühren erheben.

Dass eine Reise nach Hiddensee einst ganz anders ausgesehen haben muss als heute, kann man sich lebhaft vorstellen, wenn man bedenkt, dass man bis zur regelmäßigen Schiffsverbindung nach Vitte und Neuendorf entweder über Kloster reisen oder sich von Rügen aus vom Fährmann überholen lassen musste. Bei niedrigem Wasserstand wurden die Reisenden auf dem Rücken des Fährmannes zu den Booten getragen. Wenn der Bodden gänzlich zugefroren war und es den Fährleuten nach langem Frost nicht mehr gelang, die Fahrrinne mit Äxten freizuhauen, mussten Personen und Lasten mit dem Pferdeschlitten übers Eis transportiert werden. Hält man sich dabei vor Augen, dass es bis 1905 keinen Arzt auf Hiddensee gab und Schwerkranke oder Schwangere ins Bergener Krankenhaus auf Rügen gebracht werden mussten, ahnt man, welchen Belastungen die Fährleute ausgesetzt waren und dass sie weder Sonn- noch Feiertage einhalten konnten.

Zusätzlich wurde von den Fährleuten die Post befördert. In einem Vertrag von 1869 mit der Oberpostdirektion Stettin, zu dessen Regierungsbezirk Hiddensee gehörte, verpflichteten sich die Fährleute dazu, zunächst

einmal am Tag, nach dem Ersten Weltkrieg sogar zwei-
mal täglich.

Seit 1911 befand sich auf der Fährinsel auch die »Vogelwarte Hiddensoe-Süd« (so geschrieben!). Professor Ernst
Hübner, der Vorsitzende des Ornithologischen Vereins
in Stralsund, der seit etwa 1900 vogelkundliche Exkur-
sionen nach Hiddensee durchführte, wies als erster auf
die Gefährdung einiger Vogelarten hin. Der Einzug der
Badegäste, die Vogeleier sammelten, Vögel fingen und
den Schießsport auf die Insel brachten, begann, die einst
von Tausenden von Vögeln besetzten Brutkolonien zu
zerstören. Die Einrichtung besonderer Schonreviere auf
der Fährinsel war jedoch zu Beginn mit Ärger verbunden,
da die Fährleute ihre Kühe zum Bestreiten ihres Lebens-
unterhalts auch in den von Hübner abgetrennten Brutkolonien weiden lassen mussten. Dennoch war die Arbeit
der Vogelschützer erfolgreich, denn bereits in den 1920er
Jahren betrug die Zahl der Lachmöwenpaare wieder über
2000 und die der Sturmmöwenpaare 500. Der Bestand
galt damit als relativ gesichert. Heute ist die Fährinsel
ein reines Naturschutzgebiet und darf nicht betreten
werden, aber der Weg durch den Wald und einen breiten
Schilfgürtel zur Anlegestelle am Boddenarm lohnt dennoch wegen seiner Ruhe und Abgeschiedenheit.

33 | Heiderose

Hotelanlage Heiderose In den Dünen 127,
Tel. 038300 630, www.hiddensee-heiderose.de;
Restaurant März—Okt. ab 12 Uhr

Zurück auf der Straße taucht nach wenigen Gehminuten die Hotelanlage »Heiderose« auf. 1905 eröffnete Paul Krüger an seinem Bauernhaus einen Gasthof, der den Namen »Gasthaus zur Heiderose« trug. Die Preise waren laut Reiseführer von 1924 »mäßig«. Man versprach damals ein Fuhrwerk, viele Zimmer, einen Garten und vier Kühe.

Die Geschichte der »Heiderose« ist typisch für die Situation der Entwicklung Hiddensees zu einer »Ferieninsel der Werktätigen« in den Jahren der DDR. Am 10. Februar 1953 begann die »Aktion Rose«, vorbereitet und durchgeführt von der Bezirksbehörde der Volkspolizei Rostock. An beinahe allen Badeorten der DDR-Ostseeküste wurden die Besitzer von Hotels, Gaststätten und Pensionen verhaftet und wirtschaftlicher Vergehen beschuldigt. Schnelle Strafverfahren und hohe Zuchthausstrafen waren die Regel. Dabei ging es nicht nur um die Verstaatlichung von Privatbetrieben. Ebenso wichtig war es, die Unterbringung von Soldaten und Arbeitern, die für den geplanten Bau eines Kriegshafens im Nordosten der Insel Rügen benötigt wurden, sicherzustellen.

Zunächst blieb die Insel Hiddensee davon verschont. Als die Truppen der sowjetischen Armee jedoch im März 1953 dringend nach einem größeren Quartier auf der Insel verlangten, verhaftete man unter dem Vorwand des Verstoßes gegen die Wirtschaftsgesetze die Besitzer der »Heiderose«, Paul und Friedel Krüger. Die Einrichtung wurde zum Teil aus den Fenstern geworfen, zum Teil in den benachbarten Dünenhof gebracht, die Familie musste anderswo Unterschlupf finden. Bereits im Juni wurden die Brüder wieder freigelassen, sie fanden Arbeit in der Genossenschaftsreederei bzw. in der Landwirtschaft. Als zwei Jahre darauf die sowjetischen Truppen von der Insel abzogen, erhielten die Krügers ihre »Heiderose« zurück, verbunden mit einer Entschädigung von 60 000 DDR-Mark.

Nahezu alle Werktätigen der DDR träumten davon, ihren Urlaub auf Hiddensee verbringen zu können. Was dem Einzelnen nur schwer gelang, wurde durch Weisungen der Räte der Kreise oder der Bezirke zumindest für die Volkseigenen Betriebe (VEB) Wirklichkeit. So baute das Suhler Fahrzeug- und Gerätewerk Simson 1958 in der Heide, in unmittelbarer Nachbarschaft zur »Heiderose«, ein modernes Urlauberdorf mit acht Ferienhäusern, denen später zwölf weitere Häuschen folgten. Ein Gemeinschaftshaus wurde 1969 in Betrieb genommen. Da man aber auf den Bau einer Urlauberküche verzichtet oder ihn schlichtweg vergessen hatte, musste mit der »Heiderose« ein Verpflegungsvertrag abgeschlossen werden. 1974 kaufte der Betrieb auch die »Heiderose«, die, nachdem 1978 gegen den Widerstand der Gemeinde weitere achtzehn Häuser mit 198 Betten gebaut worden waren, die alleinige Verpflegung der Urlauber sichern musste. Ihrer Funktion als bis dahin beliebtes Ausflugslokal konnte sie so natürlich nicht mehr gerecht werden.

Heute kann man in der »Hotelanlage Heiderose« in einem der Zimmer mit Blick auf den Bodden oder in einem reetgedeckten Ferienhaus Urlaub machen, die hoteleigene Sauna nutzen, im Restaurant oder im großen Garten hausgeräucherten Fisch und im Steinofen gebackenes Brot genießen.

34 | Neuendorf

Auf der Straße nach Süden gelangt man nach Neuendorf-Plogshagen, einem Doppeldorf, das seit 2005 vollständig unter Denkmalschutz steht. Hier ist das Aussehen eines alten Fischerdorfes noch bewahrt worden. Es gibt keine Straßen und Wege, schlichte weißgetünchte Reetdachhäuser liegen wie hingewürfelt auf den Rasenflächen, keine Zäune trennen sie, und zwischen ihnen trocknet Wäsche im Wind. Die Häuserzeilen tragen Namen wie »Schabernack«, »Plauderberg« oder »Königsberg«.

Über die Entstehungsgeschichte ist wenig bekannt. In der Schwedischen Matrikelkarte von 1695 wird Plogshagen erwähnt, Neuendorf hingegen erst 1704, das offensichtlich nach der Niederlegung der alten Wendensiedlung Glambeck entstand. Bis heute hält sich hartnäckig das Gerücht, nie seien die Neuendorfer bzw. Plogshagener »untertänig« gewesen. Das stimmt so nicht ganz. Ihre Stellung war zwar gegenüber der der Bewohner Vittes oder Griebens komfortabler, aber auch sie mussten Hofdienst leisten. In ihrem Falle bedeutete dies, das herrschaftliche Vieh auf dem Gellen zu weiden und während der Heuernte vier Tage zu dienen. Leibeigen hingegen waren sie nie.

S. 56–57: Neuendorf

Hiddenseer Goldschmuck

Dieser aus 16 Teilen bestehende Goldschmuck wurde 1872 nach verschiedenen Sturmfluten am Strand von Neuendorf gefunden. Man nimmt an, dass er etwa um 970 bis 980 gefertigt wurde. Er besteht aus einem Halsring, einer Scheibenfibel, vier kleineren und sechs größeren Hängekreuzen und vier Zwischengliedern. Sein Goldgewicht beträgt 598 Gramm. Heute gehört er der archäologischen Sammlung des Stralsund Museums an. Sein Versicherungswert beträgt über 70 Millionen Euro. Im Heimatmuseum von Kloster kann man eine Nachbildung besichtigen.

Da beide Dörfer nur 1,50 Meter über dem Meeresspiegel liegen, sind sie bei Hochwasser besonders bedroht. Eine verheerende Sturmflut ließ 1864 die Insel bei der Schwarzen-Peter-Bucht südlich von Neuendorf an einer engen Stelle durchbrechen, wobei eine 250 Meter breite Rinne entstand. Erst vier Jahre später baute man den Schwarzen-Peter-Damm und fügte beide Teile wieder zusammen. Eine zweite Sturmflut, die im November 1872 nach einem beinahe 24 Stunden währenden Orkan das Wasser am Außenstrand auf 2,50 Meter über dem Meeresspiegel steigen ließ, überflutete beide Dörfer und zerstörte Häuser, Vieh, Boote und Fischereigeräte. Am Strand wurde am Morgen danach der erste Teil des heute berühmten Hiddenseer Goldschmucks gefunden. In den nächsten zwei Jahren suchte man immer wieder an derselben Stelle und wurde stets fündig. Vor solchen verheerenden Sturmfluten, wie der von 1872, schützt heute ein Steinwall, der 1903–1906 am Weststrand errichtet wurde.

Erst 1907 legte man in Neuendorf einen ersten Dampfersteg an und bereitete damit der Abgeschiedenheit ein Ende. Die ersten Badegäste kamen und zeigten sich begeistert von der Schlichtheit des Ortes. Nachdem die hölzernen Anlegebrücken für die Dampfer und die Fischerboote durch Eisgang zerstört worden waren, erhielt der Hafen 1928 ein Bollwerk. 1996 begann man, einen Wasserwanderrastplatz zu bauen, der 1998 in Betrieb genommen werden konnte. Der Fischereihafen wurde 1999/2000 saniert.

Die Bewohner Neuendorfs werden als »de Süder« bezeichnet. Sogar im Dialekt wollen Kenner des Plattdeutschen einen Unterschied zur Sprache der Bewohner Vittes oder Klosters ausmachen können.

35 | Fischereimuseum »Lütt Partie«

»Lütt Partie« Mai–Okt.: Mo–Sa 14–17 Uhr,
»Groot Partie« Öffnungszeiten unter
Tel. 038300 60 35 70

Am Ortseingang von Neuendorf, die Straße von der »Heiderose« kommend, passiert man zunächst rechts hinter dem Dünengürtel den Spielplatz »Ilsebill«, den Jo Harbort im Auftrag der Neuendorfer Fischer 1995 schuf.

Am Pluderbarg, dem Plauderberg, findet man unter der Hausnummer 7 in einem ehemaligen Netz- und Geräteschuppen aus dem Jahre 1885 das Fischereimuseum

»Lütt Partie«. Die Fischerei stellte zu allen Zeiten die wesentliche Lebensgrundlage der Hiddenseer dar. Eine Besonderheit der hiesigen Fischerei war jedoch, dass man bereits in frühen Zeiten erkannte, dass lohnende Fänge nur in Gemeinschaft gemacht werden konnten. So kam es zur Gründung der »Partien«, auch »Kommünen« genannt – im Hiddenseer Dialekt »tohoop« (zu Hauf). Die »Lütt Partie« ist also eine kleine, die »Groot Partie« eine große Fanggemeinschaft. Als Hiddensees Bedeutung als Ostseebad stieg, nahm im gleichen Maße seine Bedeutung als Fischerinsel ab. Die Neuendorfer begannen, ihre alten Schuppen zu Ferienzimmern umzubauen. Im Museum erwarten Fischer der Insel ihre Besucher, führen selbst durch die Ausstellung, erklären das Arbeitsgerät und Fotos und erzählen Geschichten aus dem Alltag der großen Zeit der Neuendorfer Partie.

Die »Groot Partie« am Königsbarg ist ein 1884 erbauter Schuppen, der 2016 liebevoll und originalgetreu restauriert wurde. Hier ist eine kleine maritime Begegnungsstätte entstanden, die in Zusammenarbeit mit dem Deutschen Meeresmuseum in Stralsund eine Ausstellung zum Thema Fischfang und -verarbeitung zeigt, über eine Schauküche verfügt, im Café selbstgebackenen Kuchen anbietet und für Lesungen, Theaterabende und Konzerte zur Verfügung steht.

»Groot Partie«

36 | Haus am Meer

Das erste größere Haus, das 1901 in Neuendorf für Sommergäste errichtet wurde, war »Julius Gaus Gasthof«. Ihm folgte kurz vor dem Ersten Weltkrieg das »Haus am Meer« von Alfred Freese.

Neuendorf konnte es nie mit seinen beiden nördlichen Nachbarn Vitte und Kloster aufnehmen, was die Anzahl der prominenten Künstler oder Wissenschaftler betraf, die ihre Ferien hier verbrachten. Im »Haus am Meer« jedoch entstand im Dezember 1931 einer der wichtigsten Romane der Weimarer Republik: »Kleiner Mann – was nun?« von Hans Fallada.

Fallada, der 1928 geheiratet und 1931 einen ersten Sohn bekommen hatte, suchte wegen seiner ständigen Geldsorgen und der Krankheit seiner Frau Trost im Alkohol. Mit der Arbeit an seinem Roman kam er nicht voran und reiste deshalb Anfang Dezember nach Hiddensee. Im »Haus am Meer« nahm er ein Zimmer im oberen Stockwerk. Neben Strandspaziergängen, bei denen er nach Bernstein suchte, schrieb er wie besessen an seinem Arbeitslosenroman, der zu einem Welterfolg wurde.

37 | Gellen mit Gellenkirche und Leuchtturm

Der Gellen ist der südliche Teil Hiddensees. Diese etwa sieben Kilometer lange Landzunge begann sich vor 2500 Jahren durch Sandablagerungen herauszubilden. Wie die Dünenheide besteht er aus Sandstrandwällen und sich überlagernden Dünen. Bis zum Dreißigjährigen Krieg müssen hier Eichenwälder gestanden haben, denn bei Ausgrabungen entdeckte man neben alten Hirschgeweihen auch Eichenstubben. Daher rührt wohl auch der Name Gellen, der slawischen Ursprungs ist und Hirsch bedeutet (jeleni).

Der Spaziergang zum Gellen führt auf dem Boddendeichweg, der 1998/99 in Form einer Ringeindeichung um ganz Neuendorf herum gebaut wurde, durch ein Kiefern- und Erlenwäldchen parallel zum Ostseestrand oder direkt am Weststrand entlang. Nicht länger als zwanzig Minuten benötigt man, um zum zweiten Leucht-

Hans Fallada
1893–1947, Schriftsteller, eigtl. Rudolf Wilhelm Friedrich Ditzen. Der in Greifswald in gutbürgerlichen Kreisen geborene Fallada begann nach einer abgebrochenen Gymnasialzeit und mehreren Aufenthalten in Entzugsanstalten und Privatsanatorien mit 24 Jahren zu schreiben. Gelegenheitsarbeiten halfen ihm, sich über Wasser zu halten, konnten aber seine Alkohol- und Drogensucht nicht finanzieren. Mehrmals musste er deshalb Gefängnisstrafen abbüßen. Erst sein Roman »Kleiner Mann – was nun?« brachte den Durchbruch. Nach 1945 übte Fallada in Feldberg kurzzeitig das Amt des Bürgermeisters aus. Seinen Roman »Jeder stirbt für sich allein« schrieb er in nur wenigen Wochen in der Berliner Charité, kurz darauf starb er.

Leuchtturm auf dem Gellen

turm der Insel zu gelangen, dem Süderleuchtturm. 1905 wurde er von der Berliner Firma Pintsch mit einer Höhe von zwölf Metern auf einem Steinsockel aus roten und weißen Eisensegmenten errichtet. Die amtliche Bezeichnung lautet »Leuchtfeuer Gellen/Hiddensee«. Sein Leuchtfeuer markiert die nördliche Einfahrt in den Gellenstrom, im Westen die Fahrrinne des Gellenstroms und leitet im Osten durch den Schaproder Bodden.

Nur wenige hundert Meter südlich vom Leuchtturm kann man bei Niedrigwasser in der See die Überreste der ehemaligen Gellenkirche aus der Zeit der Zisterzienser entdecken. Nachdem die Fundamentreste bei einem schweren Sturmhochwasser um die Wende zum 20. Jahrhundert freigelegt wurden, kam es 1913/14 zu ersten Vermessungsarbeiten unter der Leitung des Inselpastors Arnold Gustavs. Weitaus gründlicher verfuhr 1963 der erste Leiter des Heimatmuseums, Karl Ebbinghaus. Aufgrund seiner Ergebnisse gelang eine Rekonstruktion der Kirche mit der angebauten Luchte, die auch heute noch gültig ist und im Heimatmuseum in Kloster betrachtet werden kann.

Die Gellenkirche wurde bald nach der Klostergründung errichtet und 1302 fertiggestellt. Bis zur Weihe der Bauernkirche in Kloster diente sie als Pfarrkirche der

Insulaner wie der vorbeifahrenden See- und Kaufleute. 1306 wurde ein Leuchtfeuer angebaut, dessen Betrieb und Pflege ebenfalls die Mönche übernehmen mussten. Es handelte sich um eine einschiffige quadratische Kirche, die etwa 11 mal 11 Meter gemessen haben muss. Ein Rechteckchor von 3,5 mal 5 Metern Fläche schloss sich an. An der Südwestecke war ein Turm gebaut, der die Luchte trug. An der Nordmauer der Kirche wurden bei Sturmfluten wiederholt Skelette freigespült, sodass man davon ausgehen kann, dass sich hier der Friedhof befunden hat.

Der südliche Teil des Gellens ist heute Schutzzone I des Nationalparks Vorpommersche Boddenlandschaft und darf nicht betreten werden. Ein Zaun zwingt den Wanderer zur Umkehr.

Südlich schließt sich an den Gellen ein weiträumiges Flachwassergebiet an, das von Jahr zu Jahr weiter wächst und die Insel binnen weniger Jahre mit dem Festland verbände, würde man nicht regelmäßig die Fahrrinne ausbaggern.

Auf einem der oben vorgeschlagenen Wege kann man gemütlich zurück nach Neuendorf wandern, den Blick auf den Bodden oder die See genießen und, am Hafen angekommen, sich einen großen Sanddorneisbecher im Imbiss »Zum Süder« schmecken lassen.

Hiddensee von Süden aus gesehen

Hiddensee. Inselspaziergänge
Herausgegeben von Mark Lehmstedt

Text: Steffi Böttger
Lektorat: Kristina Schulze/Lehmstedt Verlag
Karte: OpenStreetMap-Mitwirkende, geodressing.de
Fotos: Uta Gau, außer: Andreas Arendt (U2), Claas Leschner
(S. 32–33, 56–57), Wiebke Volksdorf/Seebühne Hiddensee (S. 43),
Hajo Dietz/Nürnberg Luftbild (S. 63)
Gestaltung: Mareike Bardenhagen/Lehmstedt Verlag
Druck: druckhaus köthen GmbH & Co. KG, Köthen (Anhalt)

Umschlag:
1: Der Leuchtturm auf dem Dornbusch
2: Im Hafen von Kloster
3: Vitte, Gasthof zur Ostsee, 1897
4: Kloster und das Hochland, 1937
5: Holzbuhnen vor Vitte
6: Taufengel in der Inselkirche Kloster

4., aktualisierte Auflage, 2022
ISBN 978-3-942473-56-9